ICH SEHE
WAS DU NICHT SIEHST...
STRAND!

© Copyright by Pamparam Kinderbücher. Bilder Feepik.com oder lizenziert für die kommerzielle Nutzung. Alle Rechte vorbehalten.

ICH SEHE WAS DU NICHT SIEHST UND DAS MIT DER BUCHSTABE B BEGINNT

ICH SEHE WAS DU NICHT SIEHST UND DAS MIT DER BUCHSTABE H BEGINNT

Handtuch!

ICH SEHE WAS DU NICHT SIEHST UND DAS MIT DER BUCHSTABE B BEGINNT

ICH SEHE WAS DU NICHT SIEHST UND DAS MIT DER BUCHSTABE D BEGINNT

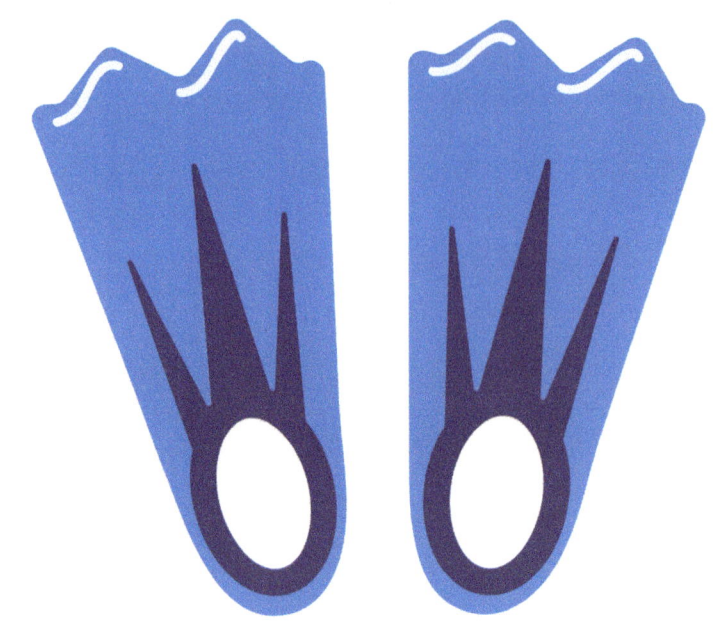

ICH SEHE WAS DU NICHT SIEHST UND DAS MIT DER BUCHSTABE S BEGINNT

Wassermelone!

Bikini!

ICH SEHE WAS DU NICHT SIEHST UND DAS MIT DER BUCHSTABE K BEGINNT

ICH SEHE WAS DU NICHT SIEHST UND DAS MIT DER BUCHSTABE T BEGINNT

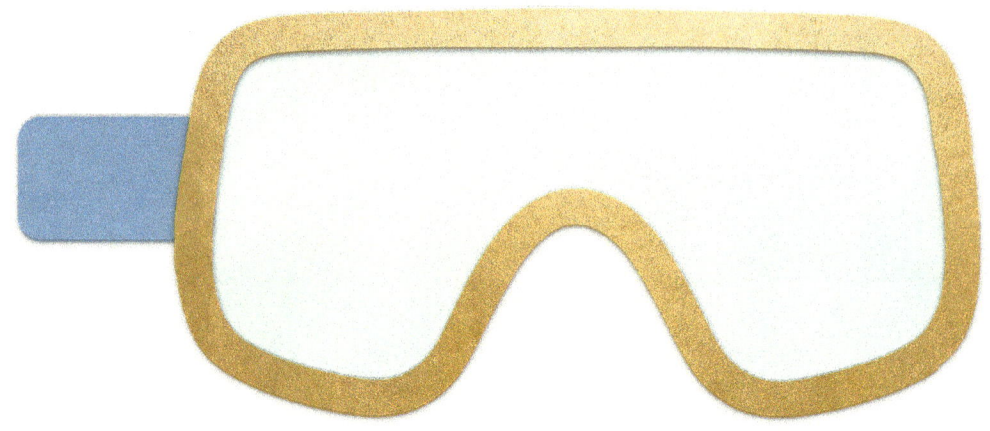

Taucherbrille!